MÉMOIRE

SUR

SAINT STAPIN

CINQUIÈME ÉVÊQUE DE CARCASSONNE

MÉMOIRE
SUR
SAINT STAPIN

CINQUIÈME ÉVÊQUE DE CARCASSONNE

DÉDIÉ

A Monseigneur l'Archevêque d'Albi.

APPROUVÉ

Par Monseigneur DE LA BOUILLERIE

COURONNÉ

PAR LA SOCIÉTÉ DES ARTS ET SCIENCES DE CARCASSONNE

(**Médaille d'Or**)

Par l'Abbé **ROUCH**, de Cavanac,

Curé à Ladevèze.

CARCASSONNE,
IMPRIMERIE DE PIERRE POLÈRE,
Rue du Séminaire, 13.

1867

QUELQUES MOTS

SUR CE MÉMOIRE

En ouvrant un livre, cher lecteur, on aime à savoir la pensée qui l'a dicté. Je veux donc vous dire sous quelles inspirations j'ai tenté d'écrire un Mémoire sur Saint Stapin.

L'année 1864 allait finir. Ma pauvre mère, — mot sacré que je n'écris qu'en tremblant, — était très-gravement malade. Une nuit, elle me fait appeler en toute hâte. Aussitôt qu'elle me voit auprès d'elle : « Mon ami, me dit-elle, « il faut nous séparer ici-bas. Ma dernière heure « va sonner. Je sens que je ne verrai pas le jour. « Prie Dieu pour moi… Je meurs avec un « grand regret : c'est de ne pas voir avant ma « mort mes autres enfants et le petit Ernest. « J'ai cependant une espérance : dis un *Notre* « *Père* et un *Je vous salue* en l'honneur de « Saint Stapin ; peut-être ce saint pontife « pourra-t-il m'obtenir de Dieu de voir encore « ces êtres chéris. »

ij

Dans ce moment douloureux et solennel, je fis le vœu que si Saint Stapin m'obtenait la guérison de ma mère, je ferais tout pour le faire connaître et pour ranimer son culte.

A peine ai-je formé ce pieux dessein au fond de mon cœur, ma mère est guérie, et le lendemain elle a assez de force pour se lever, agir dans la maison, assister à la messe.

Ce fait, pour me servir de l'expression de l'apôtre, je l'affirme sur mon âme, *ego autem testem Deum invoco in animam meam*, et Dieu sait que je ne mens pas, *Deus scit quod non mentior*.

Lié par mon vœu et animé par une vive reconnaissance, bien-aimé lecteur, j'ai entrepris de faire des recherches historiques sur Saint Stapin, pour faire ressortir autant que je le pouvais, dans un jour lumineux, cette vie qui brilla tant par ses vertus et qui, jusqu'à notre époque, semble avoir été ensevelie dans l'oubli.

Le travail était ingrat, il faut le dire. Que de bibliothèques à consulter dans les villes! que d'archives à fouiller dans les préfectures! que de renseignements à prendre de toutes parts!..

J'ai soumis mon travail à l'appréciation de notre savant évêque qui a daigné le trouver *intéressant*.

L'éminent cardinal De Bonnechose a daigné également m'encourager de ses douces paroles et féconder mon œuvre par sa bénédiction.

Comme mes recherches historiques avaient pour objet un saint enfant de Dourgne, dans le diocèse d'Albi, j'ai pris la respectueuse liberté de faire hommage de mon travail à l'illustre archevêque qui préside aux destinées de ce vaste diocèse.

Ce digne prélat, dans son excessive bonté, a daigné mettre son grand nom à ma disposition, comme un motif puissant d'encouragement et un moyen de faciliter mes recherches.

La Société des Arts et Sciences de Carcassonne a voulu aussi appuyer mon modeste ouvrage. Elle lui a décerné une couronne, avant tout sans doute parce qu'il traitait de la vie et des miracles d'un saint qui a illustré nos contrées.

Merci à mes protecteurs généreux! Grâce à leurs suffrages, je puis réaliser le vœu de mon cœur.

ÉVÊCHÉ DE CARCASSONNE

Monsieur le Curé,

Vous avez remis à Monseigneur un manuscrit relatif à Saint Stapin. Le Prélat l'a lu attentivement. Votre travail lui a paru intéressant, et si vous êtes dans l'intention de le faire imprimer, Sa Grandeur ne s'y oppose pas.

Agréez, mon cher Monsieur, l'assurance de mes sentiments affectueux.

Rigal, *Vic.-gén.*

ARCHEVÊCHÉ D'ALBI.

Monsieur le Curé,

Je ne puis qu'applaudir au zèle que vous montrez pour faire connaître et ressortir un Saint qui a pris naissance dans mon diocèse et y a opéré beaucoup de prodiges.

Déjà j'avais remarqué que vous aviez réuni de précieux matériaux pour la vie de ce saint Pontife.

Les nouvelles recherches que vous avez faites ne manqueront pas d'ajouter de l'ampleur et du prix à celles que vous aviez déjà recueillies.

En tout cas, si mon nom peut vous être de quelque utilité et de quelque satisfaction pour l'œuvre que vous entreprenez, je le mets, comme l'Ordinaire de la petite ville où le Seigneur a placé le berceau de Saint Stapin, à votre entière disposition.

Puisse ce grand saint, dont vous allez raconter les vertus et les gloires, nous prendre tous sous sa puissante protection ! Il nous devra à l'un et à l'autre, et surtout à vous, d'avoir contribué à répandre son culte et à justifier la confiance qu'on a en lui.

Dans cette espérance, Monsieur le Curé, je vous réitère, avec mes félicitations, l'assurance de mes plus empressés sentiments.

† Jean PAUL,
Archevêque d'Albi.

RAPPORT DE M. JAUBERT

Vice-Président du Tribunal civil de Carcassonne,

TOUCHANT

LE MÉMOIRE SUR SAINT STAPIN

Lu à la Séance solennelle de la Distribution des Prix,

Le 15 Août 1867.

Messieurs,

Les arts et les sciences appartiennent à la même famille ; il est juste et heureux qu'hommage leur soit rendu dans la même fête.

Notre Société ouvrit un concours ; elle imposa pour sujets des œuvres d'histoire spéciales à notre département. Nous venons proclamer les noms des vainqueurs.

Je dois à mes fonctions de secrétaire et à la bonté de mes collègues l'honneur d'interpréter leur pensée.

Un des Mémoires couronnés a pour titre : *Mémoire sur Saint Stapin*.

Le premier chapitre est consacré à établir que Saint Stapin n'est autre que l'évêque Étienne, premier de nom, et cinquième évêque de Carcassonne.

Suivant l'auteur, *Stephanus*, traduction latine d'Étienne, aurait été changé, dans l'idiome roman, en celui de *Stapinus*, d'où plus tard serait né Stapin.

Donc, Étienne, Stephanus, Stapinus, Stapin et même Estève, ne représenteraient qu'un seul et même personnage.

Ces présomptions sont reliées par de nombreux éléments :

1º La tradition ;

2º Une bulle du pape Agapet II, en 950, adressée aux Bénédictins de Montolieu, et donnant indifféremment à notre saint le nom de Saint Étienne ou de Saint Stapin ;

3º *Les Annales de Carcassonne,* par Viguerie ;

4º Gérard de Vic, suivant lequel Saint Stapin avait une chapelle dans l'ancienne paroisse Saint-Vincent, avant la construction de la ville basse, en 1247 ;

5º Théophile Raynaud, en 1583. — Il mentionne un ancien rituel de l'église de Carcassonne, contenant une invocation à l'ancien évêque, sous la dénomination tantôt de Stapin, tantôt d'Étienne.

Ces détails fournissent la preuve de longues recherches.

L'histoire de Saint Stapin est bien touchante, Messieurs, elle rafraîchit l'âme et élève le cœur, nous détache des biens terrestres, nous rappelle ces temps heureux de la foi la plus sainte et la plus vive.

« Saint Stapin, — le lauréat nous l'apprend, — était
« originaire de Dourgne, dans l'ancien diocèse de
« Lavaur (septième siècle).

« Il menait une vie solitaire sur une des montagnes
« qui avoisinent la localité.

« La réputation de ses vertus attirait vers lui les
« populations d'alentour, et le clergé de Carcassonne,
« touché de sa sainteté, fut l'arracher à sa solitude

« pour en faire son évêque, aux grands applaudisse-
« ments de tout le monde.

« Il accepta cette charge sacrée pour obéir à une
« inspiration divine.

« Il en remplit les saintes fonctions avec ce zèle,
« cette aménité, cette piété qui lui valurent la con-
« fiance, l'amour du peuple. »

Ce n'est pas là une légende, Messieurs ; que cette élection toute spontanée par le clergé de Carcassonne ne vous arrive pas comme un doute. Au septième siècle, l'Église reposait sur des bases démocratiques : le peuple et le clergé nommaient leurs évêques.

Le corps de Saint Stapin repose à Carcassonne, — l'un de nos collègues, M. Mahul, l'affirme dans son *Cartulaire*.

Il mourut à Dourgne, vers le commencement du huitième siècle. Celui qui nous l'apprend dans son *Rituel de 1764*, était aussi un bien grand évêque. Dans nos plus modestes sentiers, notre ville a marqué par un souvenir les traces de son passage. Mais il fut surtout le père des pauvres !.. J'ai nommé M. de Bezons.

Saint Stapin a des autels ou de simples croix dans plusieurs localités de notre département : à Ventenac-Cabardès, et le 6 août de chaque année, la fête du saint est célébrée avec grande pompe.

Dans un riant vallon de la Montagne-Noire, sur la paroisse de Dourgne, diocèse d'Albi, s'élève encore une chapelle dédiée à Saint Stapin.

« Là, — raconte le lauréat, — de nombreux pèlerins
« arrivent de tous côtés pour vénérer les reliques du
« saint thaumaturge. Les uns, dont le front rayonne,
« viennent exprimer leur reconnaissance, — les au-

« tres, entraînés par l'espérance, viennent demander
« une grâce, une guérison. »

Carcassonne avait autrefois sa chapelle de Saint Stapin. Ce sanctuaire était bâti sur une petite élévation du côté de Montredon, au nord de la Cité et de l'église des Capucins, sur l'ancienne paroisse Saint-Vincent, avant la construction de la ville-basse. — Elle fut détruite par Trencavel, et il n'en resta que des ruines.

En 1701, des capucins en obtinrent les matériaux de Mgr de Grignan, alors notre évêque, à la condition de planter une croix sur le point même où l'autel avait existé.

Nos chanoines s'y rendaient chaque année en procession; en 1817 seulement est tombé ce pieux usage.

Saint Stapin a des autels en Belgique, en Italie, en Espagne. Cette vénération générale, Messieurs, implique de grands mérites; seules y parviennent les saintes et grandes âmes.

Écoutons l'auteur du Mémoire :

« La Septimanie était affligée par une cruelle épi-
« démie; tous en mouraient. Le terrible fléau sévit
« surtout avec fureur sur la ville de Carcassonne, qui
« perdit en cette occasion plus d'habitants que dans
« les guerres précédentes, pourtant si meurtrières,
« et, pendant que l'épidémie désolait son troupeau, le
« saint évêque aima mieux rester parmi ses enfants,
« les soigner de sa main, mourir avec eux s'il le
« fallait, que de se rendre au Concile de Tolède; il y
« envoya un représentant. »

Voulez-vous bien connaître le saint évêque ?.. écoutez encore :

« Il faisait, — à pied, — le trajet de Dourgne à

x

« Carcassonne, muni d'un panier à chaque bras.
« Dans l'un il portait ses livres de prière, dans l'au-
« tre, les vivres qui lui étaient nécessaires pour la
« route. »

Un long chapitre est consacré au récit de nombreuses guérisons miraculeuses opérées par l'intercession de Saint Stapin.

Le mot de miracle, Messieurs, fait sourire certains hommes, certaines écoles ; une philosophie jalouse ne lui accorde même pas le droit à la discussion... et il semblerait que l'auteur et moi avons besoin d'une caution pour nous présenter à vous dans toute l'indépendance de nos idées.

Cette caution... permettez-moi de nous la donner... Elle est respectable.; son témoignage remonte à trois ans à peine. — La citation ne sera pas longue, daignez l'écouter :

« C'est au nom de la science qu'on prétend bannir
« le surnaturel du monde et de l'homme. J'honore
« infiniment la science, mais je la voudrais plus dif-
« ficile avec elle-même.

« Quel que semble le vent du jour, c'est une rude
« entreprise que l'abolition du surnaturel. Car la
« croyance au surnaturel est un fait naturel primitif,
« universel, permanent, dans la vie et l'histoire du
« genre humain. On peut interroger le genre humain,
« en tout temps, en tous lieux, dans tous les états de
« la société, à tous les degrés de la civilisation ; on
« le trouvera toujours et partout croyant à des faits,
« à des causes en dehors de ce monde sensible, de
« cette mécanique vivante qu'on appelle la nature.

« C'est cette croyance que l'on qualifie de radicale

« erreur ; c'est ce fait général et constant dans l'his-
« toire humaine qu'on entreprend d'abolir.

« On va plus loin : on dit que ce fait est déjà aboli,
« que le peuple ne croit plus au miracle, au surna-
« turel. Incroyable fatuité humaine ! parce que dans
« un coin du monde, dans un jour des siècles, on a
« fait, dans les sciences naturelles et historiques, de
« brillants progrès, — parce qu'on a combattu le
« surnaturel dans de brillants livres, on le proclame
« vaincu et aboli !

« Il est vrai, il y a de nos jours dans le peuple,
« bien des pères, des mères, des enfants qui se croient
« incrédules, et se moquent fièrement des miracles.
« — Suivez-les dans les épreuves de leur vie. Que
« font ces parents quand leur enfant est malade, ces
« matelots quand ils flottent sur les mers en proie
« aux tempêtes? Ils lèvent les yeux au ciel, ils prient,
« ils invoquent cette puissance surnaturelle que vous
« dites abolie dans leur pensée.

« — Par leurs actes spontanés et irrésistibles ils
« donnent à vos paroles, et à leurs propres paroles,
« un éclatant démenti. »

Et savez-vous bien qui tenait la plume quand ces lignes furent écrites?

Ce n'est pas un théologien ; ce n'est pas même un catholique : c'est M. Guizot ; — M. Guizot dans ses *Méditations sur l'essence de la Religion chrétienne*, et en 1864.

Je me sens maintenant plus à l'aise pour vous introduire dans le chapitre du surnaturel.

L'auteur a son préambule :

« Il n'en est pas des Saints, nous dit-il, comme
« des personnages du monde qui sont plus ou moins

« grands selon que l'histoire s'occupe plus ou moins
« d'eux.

« Dieu parfois octroie à ses saints amis une partie
« de sa puissance en donnant à l'invocation de leur
« nom le pouvoir de faire des miracles et de perpé-
« tuer, de la sorte, leur souvenir au milieu des peu-
« ples.

« Ainsi le Seigneur en a-t-il agi à l'égard de notre
« saint évêque........ Saint Stapin a été et est encore
« connu comme le thaumaturge de nos contrées mé-
« ridionales, — les historiens le savent et les peuples
« le savent aussi. »

Puis vient le récit de nombreuses guérisons, tant anciennes que modernes, obtenues par des âmes pieuses par l'intercession de Saint Stapin.

Pour les anciennes, l'auteur trouve ses autorités dans la tradition et dans les nombreux auteurs. Il cite les Bollandistes, Théophile Raynaud, hagiographe de l'église de Lyon; Sémentius, Gérard de Vic, qui, en 1667, écrivait l'histoire des évêques de Carcassonne.

Quant aux guérisons de la génération actuelle, le lauréat les raconte dans tous leurs détails. Il indique les personnes guéries, la nature de la maladie, les noms des témoins; les certificats fournis par ceux-ci, les autorités qui les visent. — Ces témoins, ils vivent encore; quelques-uns sont presque à nos portes et l'on peut les interroger.

Quoiqu'il en soit et quoiqu'on en dise, admirons avec le lauréat les vertus de Saint Stapin. N'allons pas nous en étonner; notre épiscopat compte plusieurs saints, et il a aussi ses illustres. — Les traditions, de nos jours, ne se perdent pas; la Providence a toujours béni les évêques de Carcassonne.

L'opuscule se recommande par un long travail; il abonde en importantes recherches; il met en lumière un évêque qui est à nous; on y voit revivre les temps passés, des mœurs qui s'effacent, des croyances qui reviendront.

L'auteur est l'abbé Rouch, originaire de Cavanac, curé à Ladevèze.

La Société lui accorde une médaille d'or.

MÉMOIRE

SUR

SAINT STAPIN

CINQUIÈME ÉVÊQUE DE CARCASSONNE

CHAPITRE PREMIER

Saint Stapin n'est autre que l'Évêque Étienne, premier de nom et cinquième évêque de Carcassonne.

« Une longue nuit, dit Gérard-de-Vic, cou-
« vre les annales de la chaire épiscopale de
« Carcassonne, depuis la mort de Crescent que
« nous avons indiqué comme le premier évê-
« que de ce Diocèse, jusqu'à Constantin le
« Grand. » [1]

L'histoire des Pontifes qui ont occupé le siége épiscopal de Carcassonne, s'entoure de plus de clarté et de certitude en commençant à l'épis-

---

[1] *Histoire des évêques et des événements mémorables de l'Église de Carcassonne*, page 37.

copat de Sergius en 589 jusqu'à celui d'Etienne en 683. [1]

« Mais l'évêque de Carcassonne Étienne, — se demande un historien, [2] — ne serait-il pas le même que *Saint Stapin*, dont le nom latin *Stephanus*, aurait été changé en celui de *Stapinus ?* L'époque à laquelle les Bollandistes placent la vie de Saint Stapin et l'impossibilité où l'on est de trouver un Stapin évêque de Carcassonne, si on ne le suppose pas le même que l'évêque Etienne, nous semble donner quelque vraisemblance à cette opinion. » [3]

---

[1] Besse, page 48 et 49.

[2] Cros-Mayrevieille. — *Histoire du Comté de Carcassonne*. — *Recherches historiques*, page 83.

[3] Le changement du mot *Stephanus*, en celui de *Stapinus*, est facile à comprendre quand on se rapporte à l'époque où la langue romane succéda à la langue latine.

Il est à remarquer que les peuples qui n'ont pas encore leur langue formée, comme toutes les intelligences incultes, ouvrent beaucoup la bouche en parlant. Ainsi au lieu de dire *Stephanus* en serrant les dents sur la syllabe *Ste*, on a dit *Steaphanus* ou *Staphanus*, en ouvrant la bouche pour prononcer ce mot. Puis les langues barbares aiment beaucoup les *i* dans le corps des mots. La langue italienne, formée à la suite des invasions du Nord et que le catholicisme a su rendre si douce, est une preuve de ce goût pour les *i*. Partant de ces observations, il est facile de voir qu'à l'origine de la langue romane, au lieu de *Stephanus* on a du dire *Steaphanus*, *Staphinus*, d'où *Stapinus* et, enfin, *Stapin*.

Ce sentiment acquiert une certitude historique par la lecture de la bulle que le Pape Agapet II adressait, en 950, à Tresmirus, abbé de Montolieu, pour lui confirmer la jouissance de toutes les églises, terres, vignes, et, notamment, de la Chapelle de Saint Étienne ou de Saint Stapin, qui se trouvait alors comme aujourd'hui dans l'église paroissiale de Venténac.[1]

Voilà un pape qui confirme les diverses donations qui ont été faites au couvent de Montolieu et spécialement de l'alleu de Venténac, avec la chapelle de Saint Étienne, comme il faut l'appeler, à s'en tenir à la traduction rigoureuse du mot *Stephani*..... *cum ecclesiâ sancti Stephani.*

Mais quel est ce *Sanctus Stephanus?* ou ce Saint Étienne? Comment les historiens qui ont écrit sur la matière, ont-ils rendus les mots de *Sanctus Stephanus?* Comment la paroisse de Venténac les a-t-elle compris? Comment les

---

(1) *Agapitus episcopus servus servorum Dei, Tresmiro humili abba, sive Huguobaldo monacho, atque Joanni monacho, sive cunctos primatos et fratres servitores ejusdem, venerabili monasterio sancti Joannis Baptistæ, qui vocatur castrum Mallasti......... quia postulatis à nobis quatemis ipsum monasterium........ cum omnibus ad ipsum pertinentibus..........* Necnon villa, quæ appelatur Ventenacco cum ecclesiâ *sancti Stephani.*— DOAT, vol. 69, folio 60, archives de l'abbaye de Montolieu. — M. Mahul, vol. 1, p. 78.

siècles les ont-ils expliqués? Toujours par la traduction de Saint Stapin. Ne peut-on pas conclure de là que *Saint Stapin* n'est autre que *Saint Étienne*.

Il ne servirait de rien de supposer que la Chapelle Saint Stapin désignée sous le nom de Saint Étienne, pourrait bien être l'Église paroissiale placée sous l'invocation de Saint-Étienne, premier martyr. Le contraire est facile à prouver, car nous voyons Saint Julien désigné comme le patron de l'Église paroissiale de Venténac dans une donation faite en 1027, par Pierre, évêque de Girone, au monastère de Saint Jean de Mallast, aujourd'hui Montolieu, pour satisfaire aux prescriptions du comte Roger son père, et de la comtesse Adalaïs sa mère [1] [2]. Ainsi donc, Saint Étienne martyr, n'a jamais été le patron de l'Église paroissiale

---

(1) *In Christi nomine............ ego Petrus episcopus per præceptum Rodgerii comitis patris mei, et matris meæ, nomine Adalaïs comitissæ, facio cartam donationis ad Dominum Deum regem cæli et ad sanctum Johanem Baptistam Castri Mallasti qui est situs super fluvio Durando et ad Stephanum Abbatem et ad cunctam congregationem ipsius loci............ de ipso alode quem vocant Ventenago cum fines adjacentias ejus et cum ipsá ecclesiá quam vocant* Sautia Juliani. (M. Mahul, Cartulaire. Art. Venténac).

(2) En 1283, Guillaume de Castillon, grand archidiacre de l'église de Carcassonne, envoye, le siège vacant, Pierre de

de Venténac, et son nom, par conséquent, n'a jamais pu se confondre avec celui de Saint Étienne qu'on a toujours honoré sous le nom de Saint Stapin. Ainsi encore, Saint Stapin est l'évêque Étienne, premier de nom et cinquième évêque de Carcassonne.

Une autre raison vient corroborer notre conviction à cet égard. En effet, qui a-t-on voulu honorer en la personne de Saint Stapin ? A Venténac, à Carcassonne, à Dourgne, à Lyon, à Namur, à Anché, à Milan, en Italie, en Allemagne, partout où ce saint a été connu et vénéré on a voulu honorer en lui, un évêque de Carcassonne. La bulle du Pape Agapet II, nous donne le nom de ce saint Pontife. Il s'appelait *Sanctus Stephanus* ou Saint Étienne, et reconnaît que ce Saint Étienne a une Chapelle érigée en son honneur dans l'Eglise de Venténac *cum ecclesiâ Sancti Stephani*. Or, avant l'époque où écrivait le Pape Agapet II, c'est-à-dire en 950, on ne comptait dans la liste des évêques de Carcassonne, qu'un seul Étienne, désigné par les historiens sous le nom d'Étienne premier. (1)

Rocca, en possession de l'Eglise *Saint Julien* de Venténac, sur la présentation de Pierre, abbé de Montolieu (*Gallia christiana*, *VI*-931.

(1) *Stephanus episcopus Carcassonnensis*, quem dicimus

L'Évêque qui occcupe le siége épiscopal de cette Église sous le nom d'Étienne II, ne paraît qu'en 1323 [1] [2] [3]. Ne peut-on pas dire donc avec raison que Saint Stapin désigné dans la bulle du Pape par le nom de *Sanctus Stephanus*, ou de *Saint Étienne* n'est autre que l'évêque Étienne premier de nom.

De plus, la bulle du Pape Agapet II que nous avons citée était adressée à un corps célèbre de Bénédictins dont la science est devenue proverbiale. Eh bien ! comment ce corps pieux et savant a-t-il interprêté le nom de *Sanctus Stephanus* ou de *Saint Étienne ?* Comme la

primum, *post trigenta annos à synodo octavâ Toletanâ, ad quam delegatum proximé videmus Silvestrum antecessorem vocatur, cum aliis ejusdem provinciæ episcopis ad aliam ibidem XIII cogendam*.................... *pridié Nonas Novembris anni post Christum* 683........

[1] *Histoire du Comté de Carcassonne*, par M. Cros-May-revieille.

[2] Bouges, page 229. « *Etienne II, succéda à Guilhaume de Flavecour ; cet évêque ne siégea pas longtemps, on trouve que le 19 du mois de novembre 1323, Pierre V, surnommé Rodier fut pourvu de l'Evêché de Carcassonne.* »

[3] *Stephanus secundus nomine episcopus Carcasonis, postquam proximus decessor Guilhemus de Flavecour, ascendisset in Metropolitanum Auscorum successit eidem die 7 octobre anni sequentis 1323 ut ex eodem codice obligationum vaticani constare testantur eidem Sammarthani.*

paroisse de Venténac, comme les historiens, comme les siècles. Ils ont rendu le nom de *Sanctus Stephanus* ou de *Saint Étienne* par celui de Saint Stapin, et sous ce nom encore ils ont honoré un évêque de Carcassonne.

Voici ce que dit à ce sujet un historien de cette ville. « Quoique dans l'église abbatiale de « Montolieu, il n'y ait pas eu de Chapelle dé- « diée à Saint Stapin, les religieux de cette « abbaye sont dans l'usage d'en célébrer la fête « et de la chômer comme le saint jour de « Dimanche. [1] »

Ainsi par la conduite des Pères Bénédictins et par la traduction donné par eux du mot latin *Sanctus Stephanus*, qu'ils ont rendu par le mot Saint Stapin, il est démontré que Saint Stapin était l'évêque Etienne.

Gérard-de-Vic [2] nous assure que Saint Stapin

---

(1) Vigueuie. — *Annales de Carcassonne*, page 95.

(2) *Stapinus............ cujus cultus viget à longo tempore in eodem loco* (Dourgne), *necnon in loco de Ventenac, diœcesis Carcasonnis, simul in Cæmeterio Ecclesiæ Sancti Vincentii, burgi Carcassonis, ubi etiam nunc prostare videmus Sacellum, sive capellam quo confluere solita maxima populi multitudo audituri sacrum cum officio vesperarum necnon veneraturi reliquias sive leipsana die VI Augusti quo die recolitur hujus episcopi memoria.* — (page 299).

avait une chapelle érigée en son honneur dans le cimetière de l'ancienne paroisse Saint Vincent avant la construction de la ville basse de Carcassonne, qui eut lieu en 1247 [1]. Or dans ce même endroit désigné par Gérard-de-Vic, dans cette même église, à la même époque, sous la même dignité de Pontife, était honoré un saint qui portait le nom de Saint Étienne. De là n'est-il pas légitimement permis de conclure que sous cette double désignation de *Stephanus* ou d'Etienne, il n'est désigné qu'un seul personnage et que sous des noms légèrement différents il y a identité de personne, c'est-à-dire que Saint Stapin n'est autre que l'évêque Étienne.

Enfin, Théophile Raynaud, né à Sospello en 1583, hagiographe de l'église de Lyon, donne copie, d'après un ancien rituel de l'église de Carcassonne, d'une invocation qu'on adressait à Saint Stapin, bien longtemps avant lui. Or dans cette même invocation, on remarquera que le nom de *Saint Stapin* et celui de *Saint*

---

[1] Les évêques de Carcassonne avaient quelques droits sur le sol où est aujourd'hui bâtie la ville basse. « En conséquence « de quoy, dit Besse (page 178), le lieu pour bâtir le nouveau « Bourg fut marqué au-delà du fleuve de l'Aude, et pour ce qui « était des droits de l'évêché, il fut donné par le roi Saint Louis « à l'Evêque, la moitié de la ville de Villalier, dont l'acte d'é- « change en fut fait à Aygues-Mortes avec le sénéchal, en l'an- « née 1248, en Aoust. »

Étienne, sont employés indifféremment pour désigner le même saint que l'on invoque. [1]

Pourquoi ne dirait-on pas alors que Saint Stapin est le même que Saint Étienne premier de nom et cinquième évêque de Carcassonne. Or, puisqu'il en est ainsi, il est donc de toute justice que nous rapportions au pontificat de Saint Stapin, ce qu'on attribue à celui de Saint Étienne.

[1] *Oratio devotissima ad Sanctum Stapinum contra incurabilem morbum podagræ, quotidiè dicenda.*

Hanc sequitur antiphona.

Sancte Stapine, Christi confessor, atque episcope fulgens virtutibus.

Ad deum funde preces pro te vocantibus.

Ne vexemur morbo podagræ pro nostris reatibus.

Sed sani et incolumes vivere valeamus in hác vili vitá tuis intercessionibus.

Et post hujus vitæ finem tecum in celestibus collocari mereamur in supernis sedibus. Amen.

✝ *Ora pro nobis beate* Stephane.

℟ *Ut digni efficiamur promissionibus Christi.*

ORÉMUS.

Omnipotens sempiterne Deus, qui ad preces gloriosissimi confessoris, atque pontificis Stapini, erigis elisos et ab omni dolore podagræ, chiragræ, etc..., reddis liberatos et sanos, concede nobis precantibus, ut non secundùm iniquitates nostras retribuas nobis, sed meritis et intercessionibus gloriosissimi confessoris atque pontificis Stapini ab omni vexatione podagræ et ab omnibus malis liberemur. Per dominum nostrum Jésum Christum, filium tuum qui tecum vivit et regnat, etc. Amen. — (page 598), M. Mahul, vol. 1, page 79.

CHAPITRE II

Histoire de Saint Stapin.

Nous connaisons peu de détails sur la vie de Saint Stapin.

Plusieurs causes ont puissamment contribué à priver ce saint de biographie.

La première est la pénurie d'écrivains dans la Gaule Narbonnaise, au temps où vivait ce saint Pontife et dans le temps qui suivirent son épiscopat.

La seconde est la distinction que l'on a faite de son nom. On l'a appelé Saint Stapin à Venténac, à Dourgne, chez les Bénédictins de Montolieu, à Lyon, en Allemagne, en Italie; on l'a désigné à Carcassonne sous le nom de Saint Étienne et sous celui de son synonyme Saint Estève. Les Bollandistes nous assurent que de leur temps Saint Stapin était connu et honoré dans la Belgique, sous le nom de Phothinus ou de Stamp. [1] Cette désignation de la même per-

---

1) BOLLANDISTES, tome II. — Août, page 170.

sonne sous des noms divers a jetté de la confusion sur son identité et mis de l'hésitation dans l'esprit des hagiographes qui auraient voulu écrire son histoire.

Une autre cause non moins puissante que les précédentes est l'invasion des Maures dirigée par Zama en 719, qui semparèrent de la Gaule, brûlèrent Carcassonne, Narbonne, Béziers, Nîmes, etc. Ce fut dans cette guerre incendiaire et dans l'occupation de Carcassonne par les fanatiques disciples de Mahomet, dont la durée fut d'eviron un demi siècle, que durent disparaître les actes de la vie de Saint Stapin.

Enfin, le changement de dominateurs pour la ville de Carcassonne ne contribua pas peu à interrompre la succession des faits par la tradition.

Nous savons seulement par Sémentius [1] que Saint Stapin était orginaire de Dourgne, dans l'ancien diocèse de Lavaur; qu'il menait une vie solitaire sur une des montagnes qui avoisinent

---

[1] *Sémentius............ de vitâ ejus solitariâ in monte quodam non procul à loco Dorniensi agit* (page 7)... *De populi ad eum confluxu* (page 9); *de deditâ per vicinas regiones famâ ejus* (page 10). *Deindé narrat quomodo ad cathedram Carcassonnem è speluncâ suâ à Clero ejusdem civitatis, applaudentibus aliis, sit accersitus, sacrumque hoc munus, ex divinâ revelatione et imperio eum acceptasse ac meritis exornasse scribit.*

son lieu natal, que la réputation de ses vertus attirait vers lui les populations d'alentour et que le clergé de Carcassonne, ayant entendu parler de ses qualités éminentes et de sa grande sainteté, fut l'arracher à sa sollitude pour en faire son évêque, aux grands applaudissements de tout le monde; qu'il accepta cette charge sacrée pour obéir à une inspiration divine; qu'il en remplit les saintes fonctions avec ce zèle, cette aménité, cette piété qui lui valurent la confiance, l'amour et la vénération des peuples.

Ce fut sous son pontificat qu'eut lieu, en 683, le XIIIme Concile de Tolède, alors capitale du royaume des Goths. [1] A cette époque la Septimanie, formée des villes de Narbonne, Béziers, Nîmes, Agde, Carcassonne, Maguelonne et Elne, était affligée par une cruelle épidémie. Tous ceux qui eurent le malheur d'en être atteints en moururent. Ce terrible fléau sévit surtout avec fureur contre la ville de Carcas-

---

[1] *Stephanus episcopus Carcassonnensis quem dicimus primum post trigenta annos à synodo octavá Toletaná, ad quam delegatum proximè videmus silvestrum antecessorem, vocatur cum aliis ejusdem provinciæ episcopis ad aliam ibidem XIII cogendam, vice cujus Citruninus abbas interfuit ac subscripsit, pridié nonas novembris anni post Christum 683 coïncidentis in æram 721 Hispaniam, quando Leo II. Romanæ cathedræ insideret, Ervigius regio hispaniorum solio Toleti constituto.* — Gérard-de-Vic 45.

sonne qui perdit en cette occasion plus d'habitants qu'elle n'en avait perdus pendant les guerres précédentes qui avaient été pourtant si meurtrières [1].

Pendant que cette épidémie désolait son troupeau, Saint Stapin aima mieux rester au milieu de ses chers enfants, les soigner de ses mains, mourir avec eux s'il le faillait que d'aller assister au Concile de Tolède, auquel il était invité avec tous les évêques de sa province. Il envoya pour le représenter à cette assemblée Citruninus, abbé de Castres, qu'il avait attiré auprès de lui, et qui plus tard fut promu au siége épiscopal d'Albi [2]. Ce fut cet abbé qui, au nom de Saint Stapin, signa les actes du Concile.

C'est tout ce que l'histoire peut nous apprendre sur Saint Stapin.

Monseigneur de Bezons, évêque de Carcassonne, dans le rituel qu'il donna à son Diocèse en 1764, prétend que l'évêque Étienne, qui est notre Saint Stapin, peut avoir vécu jusqu'au commencement du VIIIme siècle.

Une pieuse tradition nous rapporte quelques traits de la simplicité de Saint Stapin. Elle nous dit que ce saint pontife faisait à pied le voyage de Dourgne à Carcassonne, muni

[1] Bouges, page 45.
[2] Bouges, page 44.

d'un panier à chaque bras. Dans l'un il portait ses livres de piété, dans l'autre les vivres qui lui étaient nécessaires pour la route.

La même tradition ajoute, que Saint Stapin mourut à Dourgne, mais que son corps fut transporté à Carcassonne [3]. Pendant le trajet qu'on fit faire à ses restes sacrées, on s'arrêta à Venténac. La réputation de sa sainteté fit accourir les populations d'alentour auprès de ses reliques. Quelques miracles s'opérèrent à cette occasion et la communauté, comme l'on appelait les paroisses d'alors, saisie d'admiration et pleine de reconnaissance, voulut consacrer à notre saint évêque une chapelle dans son église. Tradition bien touchante qui nous fait connaître les mœurs, les besoins et la foi de ces âges, nous montre le culte de Saint Stapin commençant au jour de ses funérailles et nous explique parfaitement comment ce même culte a pris naissance à Venténac et s'y est perpétué, plutôt que dans toute autre paroisse du Diocèse. Puissance de la sainteté qui, depuis bientôt douze cents ans, attire de loin les populations à Venténac, par celà seul que les reliques d'un Saint se sont reposées sur son territoire !

[3] *Cartulaire de* M. Mahul, vol. 1. Article Venténac.

CHAPITRE III

Pèlerinage à Venténac en l'honneur de Saint Stapin.

Le sentiment de vénération profonde et la grande confiance des peuples à l'égard de Saint Stapin ont fait instituer plusieurs pélerinages en son honneur. Le plus anciennement connu est celui de Venténac, dans le diocèse de Carcassonne. On le trouve déjà bien suivi avant le dixième siècle.

Peut-être n'est-il pas sans intérêt de faire remarquer que le chemin qui conduisait à ce pieux sanctuaire était différent de celui que l'on suit aujourd'hui. On arrivait de Carcassonne à Venténac en suivant une partie de ce que nous appelons la route impériale jusqu'à Pennautier. Au lieu de traverser ce village, on longeait la rive droite de *Fresquel* en amont jusqu'au pont dit *des Pélerins*, qui prit plus tard le nom de *Poun-Trincat*, dont il ne reste aujourd'hui que des ruines. [1]

A quelques pas du Pont des Pélerins se trouve une campagne qui porte le nom d'Uniac. Là était un établissement religieux. On y voit encore les restes d'une chapelle; on y trouve beaucoup de tombeaux. La tradition dit que les Bénédictins étaient les possesseurs de cet établissement. Cette tradition se trouve confirmée par un acte de vente souscrit, en 1635, en faveur de la famille Belloc, dans lequel certains droits sont reconnus sur cette campagne, en faveur des Bénédictins de Montolieu.

Une question se présente naturellement à l'esprit. Pourquoi cet établissement en pareil lieu? Faut-il le rattacher à notre pélerinage de Venténac? Il le paraît. Pour se le persuader, il n'y a qu'à se rappeler les idées qui avaient cours au moyen-âge, et nous verrons que d'après les idées de ce temps-là, le plus grand mérite, après celui des pélerinages, était de se vouer au service des pélerins : « Des hospi-« ces, dit Michaud, véritables demeures de « l'hospitalité, avaient été établis par diffé-

---

[1] Le tronçon de route qui portait le nom de *Chemin des Romains* et qui reliait le *Pont des Pélerins* à la campagne d'Uniac n'ayant plus d'objet, après la destruction de ce pont, fut vendu, en 1826, à M. Belloc, par la commune de Pennautier.

« rents ordres religieux pour les pélerins qui
« y trouvaient, non-seulement un gîte sûr et
« tranquille, mais encore les choses nécessaires
« à la vie. »

Ces asiles de charité vraiment fraternelle, destinés à héberger les pieux voyageurs, n'étaient pas rares alors : « Ils étaient, dit M. Ger-
« main, professeur d'histoire à Montpellier, ils
« étaient échelonnés çà et là...... Le pélerin
« qui passait, las et poudreux, s'y arrêtait pour
« se reposer ou pour prendre quelque nourri-
« ture. » Ainsi, d'après les restes des monuments et les idées de ces temps, il est très-probable que les Bénédictins avaient établi à Uniac un pied-à-terre pour les pélerins qui venaient à Venténac. On incline facilement à adopter ce sentiment, quand on se souvient surtout de l'attachement que ces bons religieux portaient à ce pélerinage, qu'ils avaient fait demander, en 930, au roi Radulphe (Raoul), [1] et des efforts que faisait la Religion

---

(1) *Radulphus divinâ propitiante clementiâ francorum Rex......... notum sit omnibus......... Quoniam adsit nostram serenitatem Dalmatius, noster per omnia fidelissimus miles, petiit nostram Celsitudinem quatenus nostræ auctoritatis præceptum de terrâ quam ad abbatiam Sancti Johannis-Baptistæ nobilissimi homines dederunt, in castrum videlicet Mallasti, fieri præcepissemus. Illius fuit petitio et nostræ libuit voluntati pro restaurationis illius*

à cette époque pour favoriser ces pieux voyages, qui étaient alors l'unique moyen de communiquer de peuple à peuple, de voisin à voisin, et de faire tomber ainsi les barrières de division qui existaient de clocher à clocher.

Aujourd'hui, comme autrefois, c'est le six août que l'on célèbre à Venténac la fête de Saint Stapin.

La veille de ce jour si désiré, la fête commence pour la paroisse. Avant que le soleil disparaisse de l'horizon, la voilà accourue aux pieds des saints autels. Elle s'aligne en procession, et promène triomphalement dans ses murs la relique du saint bien-aimé.

Le jour de la fête de Saint Stapin, et principalement le dimanche qui se trouve dans l'octave, de nombreux pélerins arrivent par toutes les voies.

Ceux qui ont vu d'autres pélerinages trouveraient celui-ci bien touchant. Il y a vraiment quelque chose qui va droit à l'âme et remue le cœur.

loci, et nostræ auctoritatis præceptum Jussimus fieri, ut sancti monachi ibidem Domino servientes illam terram teneant......... per Jussionem abbatis Arifonsi ejusdem loci........ alia Ventenacco cum *Ecclesia. — Cartulaire* de M. Mahul, vol. I, p. 79.

Ici, dans les nombreux pèlerins qui arrivent rien qui sente la curiosité ou l'ostentation. Ce que l'on voit, ce sont des malades, des infirmes, des enfants et des mères! Tout en eux est simple, modeste, inspiré par la foi.

Pour venir en aide à la dévotion des pieux voyageurs, le saint sacrifice est offert à toutes les heures de la matinée. L'intervalle qui sépare les offices est rempli par les neuf tours traditionnels que font les pèlerins en priant autour de l'église, et par la vénération des reliques du saint. C'est alors que se manifeste la foi et la piété de tous, car c'est alors surtout que chacun, sous les regards de Dieu, établit un cœur à cœur avec le saint thaumaturge et formule ses vœux.

Le malade et l'infirme demandent la guérison de leurs maux. Mais c'est surtout la mère qui prie avec ardeur. Pauvre mère! que de choses n'a-t-elle pas à demander pour son enfant! La santé pour son corps, l'innocence pour son cœur, le salut pour son âme!... Mais si l'enfant est souffrant, s'il est chétif ou infirme, c'est alors surtout que la tendre mère prie avec amour! Elle n'a pas oublié que Dieu a promis d'exaucer la prière, et si à la prière la généreuse mère a la conscience d'y ajouter le mérite de la souffrance, les fatigues de la route, la manifestation de la foi, l'offrande bénie de la veuve, à ces pensées sa prière s'épure, s'anime, s'élève soutenue par la foi et l'espérance, pénètre les cieux et en redescend bien souvent avec des prodiges.

L'enfant lui-même est ému. Il n'oubliera jamais le pélerinage de Saint-Stapin. Et plus tard, dans la vie, quand il aura connu les hommes et les choses et qu'il n'aura trouvé autour de lui d'autres réalités que la déception, le dégoût et peut-être le remords, ce souvenir de Saint-Stapin sera pour lui comme un baume consolateur, un écho au fond de son âme, un appel à sa foi, et, s'il le faut, un retour à la vertu!

La matinée de la fête de Saint Stapin est bientôt passée!... Les diverses cérémonies terminées, la foule se répand dans les jardins; dans les prairies, sur les bords des ruisseaux. Il se forme de côté et d'autre des groupes nombreux qui vont prendre sur le gazon un pittoresque déjeûner. Mais le soir venu, la foule se presse de nouveau aux pieds des saints autels. Elle veut vénérer encore une dernière fois les reliques du saint. Quand tout est fini, chaque pélerin se retire en disant tout haut : « Je reviendrai l'an prochain. »

CHAPITRE IV

Pélerinage à Carcassonne en l'honneur de Saint Stapin.

Saint Stapin avait à Carcassonne, sous le titre de Saint-Étienne, une église érigée en son honneur, qui était le but d'un pélerinage. Ce sanctuaire était bâti sur une petite élévation au nord de la Cité et de l'église des Capucins, là où se trouve actuellement une croix dite de *Saint-Estève*.

En vain on supposerait que cette église de Saint Étienne fut érigée en l'honneur de Saint Étienne, premier martyr. On n'aurait pour se le persuader aucune preuve, on ne peut pas même dire que cette église ait été construite avant l'époque à laquelle vivait Saint Stapin, ce qui serait déjà une forte raison en faveur de ce sentiment.

Au contraire, nous savons, par Gérard-de-Vic, que Saint Stapin avait en cet endroit une église érigée en son honneur, où le peuple venait en foule pour recourir à l'intercession de ce saint pontife et vénérer ses reliques. (1)

Au rapport du même historien, nous savons encore qu'on célébrait la fête de Saint Stapin, dans cette église, le 6 août de chaque année. Or, pour Saint Étienne, premier martyr, on n'a jamais célébré la mémoire en pareil jour. Ce qui porte à conclure que cette église était l'église de Saint Stapin.

Chastelain, dans son Martyrologe romain, au nombre des saints dont on célèbre la mémoire le 6 août, ajoute que Saint Stapin est honoré comme évêque dans deux églises de l'Occitanie (2) qui portent un nom synonyme à celui de ce saint. (3)

(1) *Stapinus....... cujus cultus viget........ in cæmeterio Ecclesiæ Sancti Vincentii, burgi Carcassonnis, ubi etiam prostare videmus sacellum sive capellam, quo confluere solito maxima populi multitudo audituri sacrum, cum officio vesperarum, necnon veneraturi reliquias sive leipsana die VI Augusti, quo die recolitur memoria hujus episcopi.* — Gérard de Vic, page 190.

(2) Nom que l'on donnait au moyen-âge au Languedoc, probablement parce qu'on y parlait la langue d'Oc.

(3) *Castellanus intes adjectos die VI Augusti Sanctos ad suum martyrologium romanum, annuntiat in Occitania, Sanctum Stapinum tanquàm episcopum honoratum in duabus ecclesiis ei synonimis.* — Bollandistes, tome II, Août, page 170.

Ces deux églises au nom synonyme de Saint Stapin, ne peuvent être que les églises de *Saint-Étienne*, à Venténac, et celle de *Saint-Étienne*, à Carcassonne, synonymes du nom de notre saint évêque. Ce qui revient à dire que l'église de Saint-Étienne de Carcassonne était l'église de Saint-Stapin.

Une autre preuve en faveur de cette opinion, c'est que Saint Étienne, premier martyr, est représenté comme diacre, tandis que l'on représente Saint Stapin en habits pontificaux, dans l'attitude d'un évêque qui bénit. On conserve, avec soin, à la Barbacanne, faubourg de Carcassonne, chez M. Bonnet, une ancienne statue de Saint Stapin, sous le nom de *Saint-Estève*, qui a reçu les hommages des peuples dans l'église qui lui était consacrée. D'où l'on peut conclure que l'église de Saint-Étienne n'était autre que l'église de Saint-Stapin.

On ne peut guère fixer l'époque de l'érection de cette église. On peut seulement constater que Pierre II, évêque du diocèse, y établit un chapitre de Chanoines réguliers et que le pape Urbain II confirma cet établissement au mois de mai 1088. [1]

(1) *Eidem petro episcopo Carcassonis rescribit Urbanus II, pontifex in hæc verba* « Petitionis tuæ justitiam cognoscentes
« institutionem regularium clericorum quam prudentiæ tuæ

Dans le mois d'avril 1154, Pons de Tresmal, évêque de Carcassonne, obtint du pape Anastase IV une bulle qui confirmait l'établissement des chanoines réguliers fait par Urbain II, dans les églises de Saint-Nazaire et de *Saint-Stapin*, et les soumet à leurs premières règles. [1]

L'église de Saint-Stapin eut beaucoup à souffrir dans l'incendie et la ruine des anciens

---

« sollicitudo apud matricem ecclesiam sancti Nazarii et apud
« ecclesias sanctæ Mariæ, seu beati Sancti Stephani, Domino
« cooperante, disposuit, præsentium litterarum auctoritate
« firmamus et eam sub apostolicæ sedis protectione susci-
« pimus. »

Gérard-de-Vic, pages 62-299.
Viguerie, page 52.
Besse, page 173.
Bouges, page 463.

(1) *Idem Pontius episcopus impetrat ab Anastasio IV, pontifice romano rescriptum seu diploma datum Laterani nonis Aprilis Christi Dominis facti 1154, pontificatûs anno primo quo rescribit annuere se postulationibus Regularium canonicorum ecclesiæ Carcassonis et ad exemplar antecessoribus Urbanus II, auctoritate sedis apostolicæ confirmat institutionem regularis ordinis quam Petrus nomine secundus quondam episcopus Carcassonis, in ecclesiâ Sancti Nazarii ejusdem civitatis matrice totius diœcesis uti et in duabus ecclesiis suburbii alterâ Sanctæ Mariæ alterâ Beati* Stephani, *authore Deo disposuisse dignosistur ac in meliorem statum primarum æqualem reduxisse.* — Gérard-de-Vic, page 70.

faubourgs de Saint-Vincent et de Saint-Michel par Trencavel, que soutenait si bien dans son génie de la destruction la rage des Juifs. Il ne resta longtemps de cette église que des ruines.

Enfin, des capucins ayant acheté de M. de Saint-Étienne quelques terrains pour agrandir leur établissement, demandèrent au Chapitre, seigneur direct de ces divers terrains, de leur faire grâce d'un droit de lods qu'il avait sur ces terres, et de leur donner les matériaux de l'ancienne église de Saint-Stapin pour clore leur jardin.

Le Chapitre, considérant que depuis un temps immémorial il ne se faisait aucun service dans cette église, dont il ne restait que la voûte du sanctuaire et que, d'ailleurs, elle ne servait que d'asile aux malfaiteurs, consentit à donner les matériaux aux capucins, à la double condition que les suppliants planteraient une croix à l'endroit même où l'autel avait été placé et que Monseigneur consentirait à la démolition de l'église. [1]

Le 7 juin 1701, Monseigneur de Grignan, alors évêque de Carcassonne, rendit une ordonnance par laquelle il consentait à la démo-

---

[1] Viguerie, page 52.

lition de l'église aux conditions posées par le seigneur Chapitre.

Quoique l'église de Saint-Stapin n'existât plus, les chanoines avaient pour le lieu où elle avait été érigée, une grande vénération. Une fois l'an ils s'y rendaient en procession. Ce pieux usage n'est tombé en désuetude qu'en 1817.

C'est aujourd'hui la paroisses de Saint-Nazaire de la Cité, qui chaque année va en procession en ce même lieu à l'occasion des Rogations.

Le nom de Saint-Estève est resté à ce lieu où fut plantée cette croix dont l'érection avait été demandée par le seigneur Chapitre.

Quiconque connaît le langage patois se convaincra facilement que le nom de Saint Estève n'est autre que le nom de Saint Étienne ou de Saint Stapin. En effet, c'est par euphonie que l'idiome patois met toujours un *e* au commencement des mots avant les lettres *St* dont la réunion vaut une sifflante. Ainsi, tandis qu'en latin et en français on dira *statio*, *station*, on prononcera, en patois, *estatiou*, *statua*, *statue*, *estatuo*, etc. Dans le principe de la langue patoise, au lieu de dire *Stephanus*, mot latin qui signifie Étienne, on dit *estephanus*, puis à cause de la consonnance *Estevanus*. Enfin, le génie patois, pressé dans sa marche, se débarrasse facilement de l'arrière train du mot qu'il emprunte au latin : *Panus*, pa, *Vinum*, bi, *cœlum*, cel, etc. *Estephanus*, *Esteph* ou *Estève*; d'où Saint Estève au lieu de Saint Étienne ou de Saint Stapin.

Voilà pourquoi le lieu où a été honoré Saint Stapin a conservé le nom de Saint-Estève.

CHAPITRE V

Pélerinage de Dourgne, dans le Diocèse d'Albi, en l'honneur de Saint Stapin.

Sur la dernière ondulation septentrionale de la Montagne-Noire qui domine une riche plaine, dans le département du Tarn, s'élève, au milieu de nombreux bouquets d'arbres, une bien jolie petite ville du nom de Dourgne.

A un kilomètre environ, au sud-est de cette ville, se trouve le plus célèbre pélerinage en l'honneur de Saint Stapin.

Rien n'est gracieux et varié comme le chemin qui conduit à ce pieux sanctuaire. A chaque pas, vous avez un nouveau tableau à admirer. A vos pieds, le riant vallon de Saint-Stapin, qu'arrose la petite rivière de ce nom, de vastes prairies, de magnifiques jardins, de longues lignes de peupliers. Une allée de platanes qui marque les sinuosités de la route conduit au fond d'un grand ravin, où, à l'ombre d'arbres séculaires s'élève une église en l'honneur du saint enfant de Dourgne. La nature s'est plue à varier ici ces coups d'œil. A droite, d'énormes pierres calcaires; à gauche, de riches côteaux couverts de vignes bien soignées, où apparaissent, çà et là, pour enrichir le tableau, de gracieuses maisonnettes. En face de vous d'abondantes carrières d'ardoise, dont les débris épars et négligés donnent à cette partie de la montagne une couleur noirâtre qui tranche avec le vert foncé de la vigne et la blancheur des roches calcaires. Ce lieu semble fait exprès pour la prière. On dirait que la vue n'est bornée que pour vous aider à élever vos regards, vos pensées et vos cœurs vers les cieux.

Les documents font défaut pour fixer l'époque où l'on éleva une église à Saint Stapin dans son pays natal. Mais on peut affirmer que celle qui existe est très-ancienne.

Un acte public de 1532, déposé dans les archives de la paroisse de Dourgne, fait mention de cette église comme déjà très-ancienne à cette époque.

Selon Sémentius, l'illustrissime Jean-Vincent de Tulle, évêque de Lavaur, dans le diocèse duquel se trouvait alors Dourgne, signa, le 27 juin 1663, un acte authentique qui prouve qu'au pied de la Montagne-Noire, dans la même paroisse de Dourgne, se trouvait de son temps une chapelle sous l'invocation de Saint Stapin, où la foule empresséee venait le vénérer. [1]

Le 2 juin de la même année 1663, Monseigneur François de Anglure de Boulermont, que la nouvelle édition de la *Gaule chrétienne*, [2] met au nombre des évêques de Castres, avait déjà donné un pareil témoignage.

Gérard-de-Vic, qui donnait son histoire des évêques et des événements mémorables de l'église de Carcassonne en 1667, donne l'assurance que l'église de Saint-Stapin, à Dourgne, existait de temps immémorial. [3]

Ce sanctuaire, d'abord sous la forme d'un parallèlogramme parfait, se trouva dans la suite trop petit pour contenir l'affluence des pèlerins. En 1686, on y ajouta deux grandes chapelles sous la forme d'un T renversé [⊥]. Peut-être

---

(1) *Ex narratione italicá* (Sementii), *illustrisssimus Joannes Vincentius de Tulle, episcopus vaurensis, authenticum manu testimonium die XXVII Junii anno* 1663...... *siguavit, quâ fidem facit quod in parochiá de* Dornie, *suæ diœcesis inveniatur sacellum ad radices montis cum titulo Sancti Stapini invocati et in veneratione habiti à continuá frequentiá personarum*..... Bollandistes, tome II, Aug., page 170.

(2) Tome I, colonne 78.

(3) *Stapinus, cujus cultus viget à longo tempore in eodem loco dorniensi*...... — Page 299.

avait-on la pensée de donner à l'église la forme d'une croix grecque, mais le quatrième croisillon n'a pas été construit.

A Dourgne comme à Venténac, comme autrefois à Carcassonne, et partout où notre saint Pontife a été connu et honoré, on célèbre sa fête le 6 août avec toute la pompe que peut inspirer un grand zèle et le saint enthousiasme d'un peuple reconnaissant.

De nombreux pèlerins accourent de tous côtés ce jour-là pour vénérer les reliques du saint thaumaturge.

Les uns, à la joie dont leur front rayonne, font comprendre qu'ils sont venus remercier Saint Stapin d'un bienfait déjà reçu; les autres, à l'air recueilli, à l'attitude méditative, annoncent qu'ils viennent solliciter une grâce, demander une guérison. Tous sont heureux de pouvoir donner des marques d'une vénération profonde à la mémoire de celui qui a laissé sur la terre le souvenir de grandes vertus et qui se sert dans les cieux de son crédit auprès de Dieu pour soulager les douleurs humaines.

Les nombreux miracles qui s'opèrent chaque année par l'intercession de Saint Stapin attirent de plus en plus de nombreux pèlerins.

On lit à cette occasion dans la *Chronique religieuse de Toulouse* : [1]

« Dimanche dernier 6 août, on célébrait à Dourgne une fête qui a le privilége d'attirer tous les ans un grand nombre de pélerins.

« De toutes les paroisses voisines, de tous les cantons, de tous les départements limitrophes, et de plusieurs contrées plus éloignées, était accourue une foule immense pour vénérer les reliques de Saint Stapin, et lui demander sa protection puissante et la guérison d'infirmités humainement incurables.

« Depuis bien des années on n'avait vu une si grande affluence autour de l'illustre thaumaturge, dans le pays qui fut son berceau. »

C'est dans l'église de Saint Stapin, que se font les offices le jour de sa fête. Le soir venu, le Saint-Sacrement est porté triomphalement à l'église paroissiale. C'est alors qu'a lieu, sur une étendue d'un kilomètre, cet admirable défilé d'une foule pieuse qui veut faire cortége au Dieu Eucharistique. Heureuse

[1] 25 Août 1865.

pensée qui fait clore un pélerinage en l'honneur d'un serviteur de Dieu, en élevant les cœurs, les sentiments et les adorations vers l'Eucharistie qui fait germer les saints et les prépare à la vie des cieux. (1)

(2) Au-dessus de l'église de Saint-Stapin, à une heure d'ascension à travers les sentiers scabreux de la montagne, se trouve un oratoire dédié à Saint Ferréol, que les plus vigoureux des pélerins qui se rendent à Dourgne ne manquent pas de visiter. A quelques pas de cette chapelle, la tradition montre le rocher où Saint Stapin allait passer de longues heures en prières et s'humilier devant Dieu. Ce rocher, connu sous le nom de *Las Génouillados*, est l'objet d'une grande vénération. Chaque pieux visiteur tient à emporter dans sa famille, comme de précieuses reliques, quelques fragments de cette roche, bénie par les prières et les larmes d'un saint.

CHAPITRE VI

Pélerinage a Anchée.

Au rapport des continuateurs de Bollandus, on remarque encore dans la Belgique, à Anchée, un pélerinage en l'honneur du saint évêque de Carcassonne.

Ce pélerinage comme celui de Venténac se fait remarquer par le concours empressé des mères de familles, pour aller consacrer leurs jeunes enfants à Saint Stapin et demander à son intercession puissante la guérison de leurs infirmités.

Les anciens d'Anchée qui honoraient Saint Stapin, sous le nom de *Photin* ou de *Stam*, croyaient que les reliques de ce saint leur avaient été dérobées par les Français. [1]

---

[1] *Pagi d'Anchée, ubi honoratur (sub nomine Photinus aliàs Stamp) seniores credere quod reliquiæ ablatæ sint à Gallis, magnum concursum esse feminarum, quæ infantes usu pedum privatos ad sacellum deferunt........ Hæc intelligenda esse de nostro Sancto Stapino, etsi aliter ibi nomen scribatur.* — BOLLANDISTES, tome II, Août, page 170.

CHAPITRE VII

Lieux divers qui ont connu et vénéré Saint Stapin.

Ce n'est pas seulement a Anchée que Saint Stapin est honoré dans la Belgique. Son culte s'est étendu dans les environs de Namur d'après des lettres parties de cette ville, le 20 septembre 1689, et adressées au célèbre hagiographe Daniel Papebrock. [1]

Ce digne successeur de Rosweid, ce judicieux collaborateur de Bollandus avait été chargé, en 1665, de la direction du fameux ouvrage des *Actes des Saints*.

Son premier soin avait été d'établir une correspondance avec tous les savants de l'Europe.

Ce fut à cette occasion que Joseph-Jérôme Sémentius, religieux de Milan, de la congrégation des Pères Sommasques, envoya à Pape-

---

[1] *Quin etiam Sancti nostri patrocinium ad usquè nostri Belgii territorium Namurense sese extendisse ex litteris die XX Septembris 1689 ad P. Danielem Papebrochium datis.* — Bollandistes, tome II, Août, page 170.

brok un opuscule Italien intitulé : *Narration succinte de la vie et des miracles de Saint Stapin, évêque de Carcassonne et protecteur spécial de ceux qui souffrent du mal aux jambes et aux mains.*

Sémentius mérite d'autant plus de confiance, que, d'après les lois de son temps et celles de son pays, il était d'abord obligé de soumettre son travail à un docteur en théologie qui devait juger des faits et de la doctrine, puis a l'approbation et à l'autorisation de son évêque, et enfin, à la permission du Sénat.

Les écrits de Sémentius, préalablement soumis à ces formalités, nous apprennent que Saint Stapin a un autel à Milan, dans l'église de Sainte-Marie secrète, et qu'on y célèbre tous les ans sa fête avec une pompe solennelle ainsi que dans plusieurs autres lieux de l'Italie. (1)

---

(1) *J. Sementius, clericus regularis congregationis somaschæ ad Danielem Papebrochium misit libellum italicum, cui titulus :* Succincta Narratio Vitæ ac Miraculorum Sancti Stapini, episcopi Carcassonnensis, *Mediolani editum cum hác superiorum facultate,* Imprimatur, *J. Michael Pius Torres sanctæ theologiæ magister, et commissarius sancti officii Mediolani ; Joseph Saïta, canonicus basilissæ Sancti Ambrosii pro reverendissimo Capitulo, sede vacante ; Arbona pro excellentissimo Senatu.*

Auctor istius narrationis affirmat Sancto Stapino erectum esse altare Mediolani in æde sacrá Sanctæ-Mariæ se-

Ici on nous a posé gravement une question qui prend la force d'une objection, on nous a dit : *Comment en Italie a-t-on pu connaître Saint Stapin, évêque de Carcassonne ?* A cela nous répondons que l'Italie a pu connaître Saint Stapin par l'Église. L'Église, en effet, est une famille universelle. Elle n'est bornée ni par un fleuve, ni par une mer, ni par une montagne, ni même par la différence du langage; par conséquent, les membres de cette grande famille, par les rapports qu'ils ont entr'eux, peuvent se connaître, et comme nous, Français, nous connaissons ou nous pouvons connaître les saints de Lisbonne, de Lima, de l'Italie et du Japon, ainsi les Italiens ont pu connaître un saint de France et de Carcassonne. Cette réponse générale pourrait suffire, nous en donnerons d'autres. Les Bénédictins de Montolieu, dont nous avons dit la pieuse dévotion à notre saint, et qui possédaient le pélerinage de Venténac, n'ont pas fait faute de faire connaître Saint Stapin à leurs confrères des diverses communautés répandues dans toute l'Europe et ont porté ainsi la connaissance de notre Saint en

cretæ RR. PP. Somaschorum ibidenque quotannis ejusdem sancti festum recoli cum solemni pompâ, quinimo non ibi duntaxat, sed alibi insuper in Italiâ ipsum celebrari.

Bollandistes, tome II. — Août. page 170.

Italie. Enfin, les Jésuites qui n'ont pas été moins répandus en Europe et n'ont pas eu moins de dévotion en Saint Stapin que les Bénédictins, qui, de plus, ont fourni des notes précieuses aux historiens, comme l'avoue Gérard-de-Vic dans son histoire des Évêques et des événements mémorables de l'église de Carcassonne, [1] ont pu faire connaître notre saint en Italie. Ils pouvaient d'autant plus donner des renseignements sûrs et précis sur Saint Stapin et sur les faits miraculeux opérés par son intercession, qu'ils avaient sur la paroisse de Venténac, une campagne qui porte le nom *Ventaliole* et qu'ils ont possédée jusqu'à la destruction de leur ordre, dans le XVIIIe siècle.

Gérard-de-Vic nous dit encore que le culte de Saint Stapin est en grand honneur en Allemagne, [2] mais qu'il ne peut fixer le jour où l'on célèbre sa mémoire.

Quand à notre pays, Sémentius nous assure que Saint Stapin compte plusieurs chapelles

---

[1] *Sicuti accepimus à quibusdam ex venerabilibus presbyteris societatis Jesu qui nobis asseruere gratissimas Deo Stapini preces quando petitur levamen affectorum podagrâ vel chiragrâ sicuti constat de Lecamine quorumdam.*
GÉRARD-DE-VIC, page 299.

[2] *In quibusdam partibus germaniæ viget ejusdem sancti cultus nescio quâ die.* — GÉRARD-DE-VIC, page 299.

érigées en son honneur en divers lieux de la France et principalement à Lyon dans l'église des Pères Augustins, faubourg de la Croix-Rousse, où l'on remarque une confrérie d'hommes et de femmes sous le patronage de ce saint évêque, à laquelle le pape Alexandre VII accorda de nombreuses indulgences par un bref qu'il donna à Rome en 1661. (1)

Le même auteur nous apprend que Saint Stapin est l'objet d'une dévotion bien tendre en plusieurs contrées de l'Europe, (2) principalement dans l'église cathédrale de Carcassonne, où l'on célèbre sa mémoire le 6 août, et où l'on remarque dans le cloître de la même église une chapelle érigée en son honneur. (3) (4)

(1) *Citata narratio (pag. 18), affirmat in multis aliis Galliæ locis multa conspici sacella, sub ipsius nomine dedicata, ac determinate in urbe Lugdunensi, in ecclesia PP. Augustinorum excalceatorum ad suburbium vel vicum crucis rubræ; ubi præter sacellum erecta sit etiam congregatio ex utroque sexu ergà Sanctum Stapinum piè devoto cui Alexander PP. VII multas concesserit indulgentias prout apparet è brevi quod Romæ, ab eo datum esse anno 1661 in dictâ narratione legitur, page 19.* — BOLLANDISTES, tome II, Août, page 170.

(2) *Ex narratione italicâ habemus piam ergà Sanctum affectionem per multas civitates Europæ diffusam esse.* — BOLLANDISTES, idem.

(3) *Ab eodem auctore (pag. 17 et sequenti), narratur ab ecclesia cathedrali Carcassonnensi celebrari die VI Augusti*

Voici ce qu'écrivait le Père Bouges, en 1741 :

« L'évêque Stapin est honoré comme Saint, « non-seulement dans le Diocèse de Carcassonne « où l'on voit plusieurs chapelles érigées en « son honneur, mais encore en plusieurs en- « droits de l'Allemagne. » [1]

On lit dans le grand rituel de l'église de Carcassonne, donné par Monseigneur de Bezons, en 1764 :

« Saint Stapin est honoré comme saint en « divers lieux du diocèse et ailleurs. »

« On a trouvé encore en Portugal les traces « d'un culte rendu à Saint Stapin. Quand les « deux émigrés français, Mgr de Royères, « évêque de Castres, et M. Fons, curé de Saint- « Germain, près de Puylaurens, furent se ré- « fugier dans ce royaume, ils trouvèrent dans « l'abbaye d'Arcobassa une belle gravure de « Saint Stapin en habits pontificaux. Ce sou-

festum Sancti Stapini tanquam episcopi et confessoris; in claustro ejusdem cathedralis capellam existere in honorem sancti erectam. — BOLLANDISTES, idem.

(4) Le cloître de Saint-Nazaire, ancienne cathédrale, bâti et rebâti à diverses époques, a été démoli en 1793 ; il était orné de tombeaux et renfermait, en outre, une riche et élégante chapelle, construite du côté oriental, en 1449, et détruite déjà en 1774. — JOANNE, art. Carcassonne, page 297.

(1) Page 53.

« venir de la patrie émut vivement les deux
« exilés. M. Fons demanda aux Religieux
« cette gravure et l'obtint. Elle se trouve
« maintenant à Dourgne entre les mains d'une
« personne recommandable. [2] »

En 1860, on voyait encore dans l'église de Lavalette, près Carcassonne, une statue de Saint Stapin. Ceci a une signification, car les évêques de Carcassonne se trouvaient les seigneurs temporels de cette localité. Le presbytère actuel, donné par Mgr de Bezons, était leur maison de campagne, et la paroisse était desservie par le personnel de l'évêché. Mais puisque Saint Stapin était connu comme saint à Lavalette, il s'ensuit qu'il était honoré et vénéré comme tel par cette longue suite d'évêques, ses dignes successeurs.

Au reste, le tableau qui représente Saint Stapin, avec l'auréole de la sainteté, est placé avec honneur dans la galerie des évêques de Carcassonne.

Tels sont les lieux qui ont honoré Saint Stapin d'un culte particulier.

---

(1) L'abbé Hippolyte Jauzion.

CHAPITRE VIII

Reliques de Saint Stapin

Sémentius, parlant des reliques de Saint Stapin, nous dit : « qu'à Dourgne, on con-
« serve, avec une vénération profonde, un os
« de Saint Stapin, dont une partie fut don-
« née jadis à Venténac. [1] »

Dans les *Annales de Carcassonne*, Viguerie déclare : « Qu'il y a dans une chapelle de
« Saint Stapin, à Venténac, un reliquaire
« dans lequel se trouve un morceau d'os en-
« veloppé dans un parchemin sur lequel sont
« écrits ces mots : *Morceau du chef de Saint*
« *Stapin.* »

---

[1] *In narratione italicâ* (page 17), *Sementius affirmat in sacello Dorniensi, ubi magnâ cum veneratione unum ex ossibus Sancti Stapini asservari, ejusque partem concessam fuisse pago cuidam vicino nomine* Venténac. — BOLLANDISTES, tome II, Août, page 170.

M. Durand, ancien curé de Venténac, qui a ouvert ce reliquaire, nous a donné l'assurance « que ce parchemin qui entoure les re-
« liques du saint, se trouve écrit en caractères
« gothiques d'une ancienneté incontestable. »

Ce reliquaire, dont parle Viguerie, travaillé par le temps et tombant de vétusté, a été depuis quelques années remplacé par un autre qui, sous la forme d'un ange, présente les reliques de Saint Stapin à la vénération des fidèles.

La forme du premier reliquaire est fort ancienne. Tout autour on voit en bas-relief certains personnages représentant Saint Stapin dans les diverses circonstances de sa vie. Dans le corps du reliquaire on remarque trois petites statues. Celle de droite représente la mère du Sauveur des hommes; celle du milieu, notre bien-aimé patron, et celle de gauche, un moine avec la crosse. Ce dernier ne peut être qu'un moine bénédictin, car les Bénédictins se sont fait toujours remarquer par leur tendre dévotion à l'égard de Saint Stapin, et les abbés de Montolieu avaient reçu des souverains pontifes le pouvoir de porter la mitre, l'anneau et le bâton pastoral. [1]

---

[1] Doat (vol. 69, f° 394). *Archives de l'Abbaye de Montolieu.*

On doit, à Venténac, la conservation des reliques de Saint Stapin au zèle prévoyant d'un pasteur de cette paroisse et à la piété d'une honnête famille.

Pendant que la tourmente révolutionnaire sévissait, en 1792, avec tant de fureur contre tout culte, un curé de Venténac, l'abbé Barsalou, sur le point de partir pour l'exil ou d'être traîné à l'échafaud, craignant pour le sort des reliques de Saint Stapin, se lève dans une nuit d'hiver, emporte ces restes sacrés, se glisse dans l'ombre, va frapper avec précaution à la porte de la famille Gieules et lui confie ce précieux trésor. Cette pieuse famille, fière et heureuse de recevoir ce saint dépôt, le conserve religieusement et le rend à l'ouverture des églises. Ce sont ces mêmes reliques que l'on vénère aujourd'hui sur les autels de Venténac.

CHAPITRE IX

Miracles opérés par l'intercession de Saint Stapin.

Il n'en est pas des saints comme des personnages du monde, qui sont plus ou moins grands selon que l'histoire s'occupe plus ou moins d'eux et dont les noms seraient condamnés à un éternel oubli, si les historiens ne faisaient ressortir leurs talents, leurs travaux, leur génie, leurs conquêtes.

Dieu qui est admirable dans ses saints, veille sur eux. Il a d'autres moyens pour empêcher que le nom de ceux qu'il appelle ses amis ne périsse. L'histoire garde-t-elle le silence ? la tradition est là qui la remplace pour nous les faire connaître; un sacerdoce est établi pour célébrer leurs louanges; des monuments sont élevés en leur honneur pour traverser les âges; un culte s'établit pour perpétuer le souvenir de leurs vertus et de leurs bienfaits, et tandis que tout passe ici-bas, des fêtes annuelles rendent impérissable la mémoire de nos saints.

« On ne doit point s'étonner que la mémoire
« des saints survive aux monuments qui de-
« vaient nous transmettre les faits de leur vie.
« Elle est moins périssable, moins dépendante
« des hommes et des temps que celle des autres
« personnages. L'incendie d'une vaste biblio-
« thèque ou la nuit de la barbarie peut dévorer
« l'immortalité précaire de plusieurs noms qui
« ne vivaient que dans des livres, et faire autant
« de places vides dans la tradition. Mais un
« saint se survit à lui-même d'une autre ma-
« nière. Il laisse après lui un culte, l'éternelle
« puissance attachée à ses mérites; et si un
« accident quelconque dérobe à la postérité
« les faits de sa vie, la mémoire se perpétue
« par le culte qui la met pour toujours au-
« dessus de l'outrage des temps. [1] »

Dans la crainte que tous ces soins réunis n'élèvent pas assez les saints au-dessus des autres hommes, Dieu veut qu'on aperçoive quelque peu sa main qui agit derrière ses serviteurs. Quelquefois, en effet, il leur octroie une partie de sa puissance en donnant à l'in-

[1] L'abbé Jauzion.

vocation de leur nom le pouvoir de faire des miracles et perpétue, de la sorte, leur souvenir au milieu des peuples.

Aussi le Seigneur s'est montré magnifique à l'égard de notre saint évêque, car Saint Stapin a été et est encore connu comme le thaumaturge de nos contrées méridionales. Les historiens et les peuples le savent.

On lit dans les Bollandistes « que ce pouvoir « de Saint Stapin se manifeste par de conti- « nuels miracles à Dourgne et à Venténac.⁽¹⁾ »

Aussi faut-il encore admirer, si l'histoire, devenue complice de l'humilité de notre saint protecteur, nous a dérobé quelques traits de sa vie, puisque par dessus tous les honneurs que lui ont rendu les siècles, Dieu a voulu partager avec lui le pouvoir de soulager et de guérir les infirmités humaines.

Théophile Raynaud, hagiographe de l'église de Lyon, faisant allusion aux miracles opérés anciennement par l'invocation de Saint Stapin, nous dit :

« Nous pourrions citer plusieurs miracles « récents de ce saint évêque et principalement

---

(1) *Necnon in utroque isto loco, continua per Sancti invocationem sequi miracula.*—Tome II, Août, page 170.

« la guérison miraculeuse qu'en a obtenu le
« premier aumônier de la princesse palatine.[1] »

Cet aumônier, plein de reconnaissance et de joie, parla de ce fait miraculeux à la personne qui l'avait reçu chez elle à Toulouse et qui souffrait d'intolérables douleurs, et la porta à avoir recours à Saint Stapin. Cette personne persuadée, par cet exemple, de la puissance de notre saint, eut recours à sa médiation et en obtint également sa guérison. [2]

Sémentius, parlant des miracles obtenus par l'intercession de Saint Stapin, [3] cite un fait

---

[1] *Recentia non desunt, in principio eleemosinarii, sedatis doloribus hujus Sancti Antistitis, miracula* (page 18).

[2] *Hospitioque suo ad Tolosam santi hujus indicato præsidio, eum pariter cælestis remedii, participem fecit, longoque podagræ tormento solutum gratulatus est.* — BOLLANDISTES, Tome II, Août, page 170.

[3] Page 19. *Narratio italica recenset à Dominà quâdam precipuâ regionis, parvulam quam habebat filiam tali modo membrorum usu captam, ut nec bracchia nec crura movere posset, Sancto Stapino commendatam fuisse, edito voto, se, filiâ sanctati restitutâ, tot libras ceræ ad ejus altare allaturam esse, quod penderet infans. Nec morá, illam interpositâ voti religione, bracchia movere cæpisse, et impletâ ad aram ceræ oblatione, eodem ipso temporis instanti gavisam esse officio pedum, ac libero incessu, quo etiam posteà uti perrexerit.*

miraculeux qui, tout en nous portant à l'admiration, nous peint sous de vives couleurs les mœurs du temps :

« Une dame riche avait sa jeune fille dans
« un si triste état qu'elle ne pouvait mouvoir
« ni bras ni jambes.

« La mère, pleine de confiance en Saint
« Stapin, promet que si la jeune fille recouvre
« la faculté de ses membres, elle portera sur
« l'autel de ce saint autant de livres de cire
« que pèse son enfant.

« Aussitôt que la mère a formulé son vœu,
« la jeune fille commence à mouvoir ses bras.
« La mère, pleine de reconnaissance et saisie
« d'admiration, s'empresse de s'acquitter de
« l'obligation qu'elle a volontairement contrac-
« tée, et, au même instant, sa chère enfant
« se réjouit de pouvoir marcher et conserve
« dorénavant la faculté de ses membres. »

Le même Sémentius raconte un autre fait miraculeux obtenu par l'intercession de Saint Stapin :

« Une cousine de la jeune fille dont nous
« venons de parler, dans le territoire de Béziers,
« était à ses derniers moments; sa sœur l'agite
« quelque peu et la prie de se souvenir de l'in-
« signe faveur qu'avait obtenue une de leurs

« parentes par l'invocation du saint évêque de
« Carcassonne ; elle la porte à faire ensemble
« un vœu en l'honneur de Saint Stapin, si elle
« revient à la santé.

« A peine le vœu a-t-il été fait que la malade
« se trouve guérie, et les deux sœurs, pleines
« de joie, s'acheminèrent vers Dourgne pour
« s'acquitter de l'engagement qu'elles avaient
« contracté à l'égard de notre saint. »

D'un acte authentique, signé le 27 Juin 1663 par Monseigneur de Tulle, évêque de Lavaur, il résulte que les personnes qui étaient atteintes de quelques infirmités accouraient en foule à la chapelle de notre Saint Stapin, et s'en revenaient bénissant Dieu de ce que, par l'intercession de ce saint, elles avaient recouvré la santé. [1]

---

[1] *Ex sementio, illustrissimus Joannes Vincentius de* TULLE, *episcopus vaurensis authenticum manu testimonium XXVII Junii anno 1663........ signavit quâ fidem facit quod in parochiâ de* DORNIE, *suæ diœcesis inveniatur sacellum ad radices montis cum titulo Sancti Stapini invocati et in veneratione habiti à continuâ frequentiâ personarum quæ piè ergà eum afficiuntur, tàm sanis quàm infirmis ab iis præsertim qui arthritide laborant, necnon doloribus validis et frigidis; et qui indè redeunt laudantes Deum, quod per Sancti Stapini invocationem sanitatem recuperaverint* — BOLLANDISTES, tome II, Août, page 170.

Dans la nouvelle édition de la *Gaule chrétienne* nous voyons que le 2 Juin de la même année 1663, Monseigneur de Anglure de Boulermont, évêque de Castres, avait déjà signé un acte semblable. [1]

Gérard-de-Vic, qui écrivait l'*Histoire des Évêques de Carcassonne* en 1667, raconte « qu'un chanoine de Noyon, qui avait à sup-
« porter de cruelles douleurs à cause d'une
« double goutte qui s'était fixée à ses pieds et
« à ses mains, fit le vœu de réciter tous les
« jours l'antienne et l'oraison de Saint Stapin
« et de bâtir un oratoire en son honneur, s'il
« était délivré de sa souffrance. Peu de temps
« après, ce vénérable ecclésiastique fut délivré
« de ses douleurs. [2] »

Le même historien, après avoir rapporté d'autres guérisons opérées par l'intercession de Saint Stapin, ajoute :

« Nous affirmons ces faits avec d'autant plus
« d'assurance que nous savons que les prières

---

[1] Tome I, col. 78. — *Gallia christiani.*

[2] .... *postquàm singulis diebus antiphonam cum oratione Sancti Stapini recitare solitus cum voti œdificandi sacelli nomine ipsius prescripto, quod ubi brevi perfecerit, sperat canonicus se penitùs liberatum iri hâc omni molestiâ* (page 300).

« de ce saint sont très-agréables à Dieu qui
« daigne accorder, par l'intercession de ce saint
« évêque, le soulagement et la guérison des
« maux de jambes, comme nous l'apprenons
« tous les jours, de différentes parties de
« l'Église catholique. (1)

Viguerie, dans ses *Annales de Carcassonne*, rapporte qu'il a connu, à Venténac, plusieurs miracles opérés par l'intercession de Saint Stapin. (2)

Sur les nombreuses guérisons miraculeuses obtenues par la médiation de notre saint, en voici quelques-unes de celles qui ont été opérées au temps où nous vivons :

— Une jeune fille de Montolieu était infirme et n'avait jamais marché qu'avec le secours de béquilles. Elle eut la pieuse pensée de se faire porter à Venténac pour se mettre sous la protection puissante de Saint Stapin. Après avoir fait ses dévotions, elle recouvra, à la vue de tout le monde, la faculté de ses jambes.

(1) *Hæc voluimus addidisse quo firmiùs constet prece Sancti Stapini gratissimas Deo concedenti levamen, imo et valetudinem integram ex hoc morbo uti quotidiè oritur ex multis partibus ecclesiæ catholicæ.* — Gérard-de-Vic, p. 300.

(2) *Annales de Carcassonnne*, tome I, p. 95.

Ce fait est attesté par tous les anciens de la paroisse, et notamment par les témoins ci-dessous désignés :

Je soussigné, Antoine Costesèque, adjoint au maire de la commune de Venténac, certifie que j'ai été témoin d'une guérison miraculeuse opérée sur une jeune fille de Montolieu. J'étais alors marguillier de la chapelle Saint-Stapin. J'ai moi-même appendu les béquilles de la jeune personne aux parois de cette même chapelle. La jeune fille vint déjeûner chez nous après sa guérison.

Signé : Antoine Costesèque.

Moi, Jean-Pierre Daydé, ex-percepteur, déclare avoir vu de mes yeux opérer une guérison miraculeuse par l'intercession de Saint Stapin, sur une jeune fille de Montolieu. Elle vint chez nous avant et après sa guérison. *Signé* : Jean-Pierre Daydé.

Mon nom est Étienne Gieules. Ma profession est celle de cordier. Pour rendre hommage à la vérité, j'affirme que j'ai vu opérer un miracle par l'intercession de Saint Stapin en faveur d'une jeune personne de Montolieu. Ses parents vinrent enfermer chez nous la monture qui avait apporté la jeune infirme.

Signé : Étienne Gieules.

Nous soussignés, Jean-Pierre Cau, meûnier, Jacques Castel, charpentier, François Bousquet, cultivateur, déclarons avoir été témoins du fait miraculeux ci-dessus énoncé, et l'affirmons à notre tour.

Signé : Jean-Pierre Cau ;
François Bousquet.
Jacques Castel a déclaré ne savoir.

— J'avais une enfant que j'affectionnais beaucoup. Au retour d'un voyage que je venais de faire, je fus douloureusement impressionné en voyant sur la figure de ma fille et sur tout son corps de petites taches noires. Ma femme et moi allâmes consulter M. Fréjacques père, médecin distingué, ainsi que d'autres docteurs. Ils furent unanimes à déclarer que ces *taches* n'étaient autre chose que la gangrène et que nous devions nous consoler d'avance de la perte de notre enfant. Ma femme fit un vœu en l'honneur de Saint Stapin et me pria d'aller à Venténac pour l'acquit de ce vœu. En rentrant chez moi quelle ne fut pas ma surprise et ma joie ! Mon enfant était complètement guérie !

Signé : JOULIA.

— La reconnaissance attire, chaque année, à la fête de Saint Stapin, une demoiselle de Carcassonne, Germaine Jalvy. Elle avait les jambes paralysées. Sa mère, d'une foi très-vive, fit, accompagnée de son mari, le pèlerinage à Saint-Stapin et prit l'engagement, jusqu'à la première communion de son enfant, de la porter tous les ans à la chapelle Saint-Stapin, si elle était délivrée de son infirmité. A son retour, la petite demoiselle fait à pied le trajet de Venténac à Carcassonne, entre joyeusement dans sa maison, au grand étonnement de nombreux ouvriers que sa famille occupait alors, et des personnes qui l'avaient connue auparavant.

— C'était le 6 mars 1864.

Une demoiselle Joulia, de Carcassonne, domiciliée à Bordeaux, est frappée d'un coup de pied de cheval à la jambe. La partie souffrante se tuméfie ; la gangrène y établit son domicile. Les médecins de Bordeaux déclarent que l'amputation est nécessaire. La malade demande cinq ou six jours pour prendre conseil de son père, à savoir ce qu'elle aurait à choisir entre l'amputation ou la mort qu'elle regardait comme inévitable. Elle fait un vœu en l'honneur de Saint Stapin. Aussitôt, le mal disparaît et elle peut écrire à son père qu'elle est totalement guérie.

(Lettre du 8 Mai 1864).

— Nous avions une petite fille infirme. Elle avait les jambes toutes contournées et n'avait jamais pu marcher. Ma femme voulut la porter à Saint-Stapin, le jour de la fête. Pendant la messe, la jeune enfant se tourne du côté de sa mère en lui disant : « *Mère, maintenant je puis aller seule,* » et depuis lors elle marcha.

M. Cabanié,
Régisseur de M. Belloc, sous-préfet de Castres.

— Voici ce que nous écrivait, le 4 Novembre 1864, Monsieur le curé de Dourgne :

Je ne dois pas vous laisser ignorer que cette année, le 6 Août, nous avons été tous témoins d'une guérison miraculeuse qui s'est opérée *subito* sur une jeune fille de Dourgne. Elle ne pouvait pas marcher ; on la porta à l'église. Elle y fit sa communion. Un instant après elle marcha, et depuis elle marche.

Hippolyte Jauzion, Curé.

Ce récit est également constaté par un acte authentique, dressé à Dourgne et signé par les autorités locales, par les médecins et par bon nombre de personnes.

— En 1855, mes parents voyant que j'étais privé de la faculté de mes jambes, me recommandèrent à Saint Stapin. Le lendemain, je commençai à marcher.

Signé : Raymond Maurel, de Pennautier.

— Le jeune Catuffe, de Carcassonne, était infirme à ce point que le genou de l'une de ses jambes était tourné en dehors et qu'il marchait avec la cheville du pied. Ses parents le portèrent au sanctuaire de Saint-Stapin dans l'espoir d'en obtenir la guérison. Elle fut tellement complète que le jeune homme se trouve aujourd'hui sous les drapeaux, dans l'un des régiments de ligne.

— Il y a une quinzaine d'années, une de mes filles, alors âgée de 4 ans, avait un œil tellement difforme qu'il était sorti de son orbite et ressemblait assez, quant à la grosseur, à un œil de bœuf. Nous tenions des compresses humides sur cet œil, et quand il fallait le changer c'était, de la part de mon enfant, des souffrances, des cris à fendre le cœur. Dans l'espoir d'une guérison, je conduisis cette enfant à l'Hôpital de la Grave, à Toulouse. Les médecins de l'établissement me dirent que mon enfant ne mourrait pas par suite de cette infirmité, que la science pourrait la soulager, mais qu'elle était impuissante à la guérir. Par un hasard providentiel, je passe devant la chapelle Saint-Stapin. Quelque chose retentit au fond de mon âme et sembla me dire : Pourquoi n'as-tu pas recours à l'intercession de ce saint?... J'entre dans la chapelle du saint thaumaturge ; je l'implore pour ma fille. En rentrant chez moi, j'apprends, non sans une vive allégresse, qu'à l'heure où j'avais eu recours à l'intercession puissante de Saint Stapin la compresse s'était détachée sans effort de la partie souffrante de mon enfant, l'œil rentra dans son orbite et aujourd'hui aucune trace de cette infirmité ne paraît.

Signé : Paul Daydé.

Le 17 Mai 1866.

— Une de mes sœurs était devenue aveugle, dit M. Gibert, ex-agent-voyer du canton d'Alzonne. Ma mère avait fait un vœu en l'honneur de Saint Stapin pour implorer sa puissante intercession. Le jour de la fête du saint étant venu, ma mère, pour l'accomplissement de son vœu, voulut porter ma sœur au sanctuaire de Saint-Stapin, à Dourgne. Mon père mettait de l'opposition à ce pèlerinage sous prétexte que la présence de ma mère était nécessaire chez nous ce jour-là parce que nous faisions dépiquer. Ma mère persiste dans sa résolution. Elle part avec la pauvre aveugle. Le lendemain elle arrive ivre de joie. Ma sœur avait recouvré la vue.

— La demoiselle Marie Souyric, de la Caune, dans le Tarn, peut avoir aujourd'hui 26 ans. Elle était d'une pâleur mortelle, sans forces, et avait abandonné le travail depuis déjà plusieurs années. Elle pouvait se mouvoir à peine ; sa voix était presque éteinte. Son médecin avait déclaré qu'elle était atteinte de la phtihsie pulmonaire et arrivée déjà à la dernière période de cette terrible maladie. Marie Souyric manifeste le désir de faire un pèlerinage à l'église de Saint-Stapin, à Dourgne. On s'empresse de lui accorder cette satisfaction comme la dernière à donner à une *poitrinaire*. Elle fait ses dévotions. Elle recouvre la voix, la santé, les forces. Son médecin, protestant, l'atteste ; ses voisines, également protestantes, sont dans l'étonnement : elles veulent la voir, la toucher, regarder dans son gosier ; elles la trouvent complètement guérie. Après plusieurs années de souffrances, Marie Souyric a assez de courage pour aller travailler à la journée comme couturière.

— Après le récit de ces faits, qu'il nous suffise de dire que dans Carcassonne ou dans ses environs on trouverait cent personnes qui attesteraient qu'elles ont reçu de Dieu la guérison de certains maux par l'intercession puissante de Saint Stapin.

A Dourgne, on conserve précieusement, dans les archives de la paroisse, un grand registre où sont consignés les procès-verbaux de nombreuses guérisons miraculeuses opérées par l'intercession de Saint Stapin, dans l'église qui lui est consacrée.

TABLE DES MATIÈRES

Chapitres.	Pages.
Quelques mots sur ce Mémoire.................	i
Rapport de M. Jaubert, touchant le Mémoire sur Saint Stapin............................	vj
I. Saint Stapin n'est autre que l'Évêque Étienne, premier de nom et cinquième évêque de Carcassonne...................................	1
II. Histoire de Saint Stapin......................	10
III. Pélerinage à Venténac en l'honneur de Saint Stapin.	15
IV. Pélerinage à Carcassonne en l'honneur de Saint Stapin.................................	21
V. Pélerinage de Dourgne, dans le diocèse d'Albi, en l'honneur de Saint Stapin................	28
VI. Pélerinage à Anchée........................	34
VII. Lieux divers qui ont connu et vénéré Saint Stapin.	35
VIII. Reliques de Saint Stapin.....................	42
IX. Miracles opérés par l'intercession de Saint Stapin..	45

www.ingramcontent.com/pod-product-compliance
Lightning Source LLC
LaVergne TN
LVHW021000090426
835512LV00009B/1993